LISA VOLK
ANDREAS VOLK

ONE AUFLAUFFORM

50+ VEGETARISCHE GERICHTE FÜR ALLE, DIE ES SCHNELL UND GESUND LIEBEN!

INHALT

Vielen Dank! 4
Vorwort 5

Für alle Schnellen 6
Für alle, die etwas mehr wissen wollen 6
Basisrezepte 6
Zutaten austauschen 6
Zum Pimpen 6
Dazu schmeckt 7
Deine eigene Kreation 7
Menüs 7
Benötigte Materialien 7
Backofen 7

Frühlingsaufläufe 8

Quinoa, Lauch, Karotten & Champignons 10
Mangold, Ricotta, Tomaten & Lasagneplatten 12
Beeren, Quark & Grieß 14
Gnocchi, Kirschtomaten, Zucchini, Champignons & Feta 16
Babyspinat, Ei, Feta & Walnüsse 18
Halloumi, Falafel, Paprika & Lauch 20
Zucchini, Tofu, Salat & Mie-Nudeln (vegan) 22
Kartoffeln & Spargel 24

Sommeraufläufe 26

Aubergine, Paprika & Bulgur (vegan) 28
Aubergine, Tomaten & Käse 30
Soba-Nudeln, Brokkoli & Kokos (vegan) 32
Gelbe Linsen, Aprikosen & Zucchini (vegan) 34
Feta, Tomaten & Brot 36
Mango, Zuckerschoten, Reis & Kokos (vegan) 38
Rote Linsen, Aubergine, Kokos & Feta 40
Couscous, Aubergine, Kichererbsen & Granatapfel 42

Herbstaufläufe 44

Wirsing, Champignons, Ziegenkäse & Brot 46
Birne, Gorgonzola & Kartoffeln 48
Kürbis, Hirse, Paprika & Cranberrys 50
Apfel, Brot & Rosinen (vegan) 52
Kartoffeln, Ei & Bohnen 54
Wirsing, Süßkartoffeln & Parmesan 56
Rosenkohl, Sellerie & Tofu (vegan) 58
Kürbis, Maronen & Champignons (vegan) 60

Die mit diesem Icon versehenen Gerichte sind vegan.

Winteraufläufe 62

Orange, Süßkartoffeln, Rote Bete & Feta ... 64
Camembert, Nudeln, Blumenkohl & Erbsen 66
Weißkohl, Reis, Kokos & Karotten 68
Knollensellerie, Apfel & Baguette 70
Blumenkohl, Bulgur & Ricotta 72
Polenta, Tomaten, Oliven & Käse 74
Pastinaken, Karotten, Fenchel, Sellerie & Brezel 76

Dauerbrenner 78

Spinat, Hirtenkäse & Kichererbsen 80
Belugalinsen, Pak Choi, Reis, Karotten & Kokos 82
Kidneybohnen, Mais, Tomaten & Buchweizen 84
Artischocken, Nudeln & Parmesan 86
Brokkoli, Süßkartoffeln, Kokos & Mie-Nudeln 88
Ei, Käse, Paprika & Zucchini 90
Spinat, Tortillas, Tomaten & Käse 92
Kartoffeln, Tomaten & Hirtenkäse 94
Nudeln, Tomaten, Käse & Karotten 96
Haferflocken, Bananen & Kakao 98
Gelbe Linsen, Oliven & Käse 100

Menüs 102

Frühlingsmenü 104
Vorspeise: Spargel, Kirschtomaten & Parmesan 104
Hauptspeise: Spaghetti, Tomaten & Mozzarella 104
Dessert: Erdbeeren & Rhabarber 105

Sommermenü 106
Vorspeise: Aubergine, Tomaten, Mozzarella & Pesto 106
Hauptspeise: Paprika, Ei, Reis & Feta 106
Dessert: Pfirsich, Heidelbeeren, Salzbrezeln & Schokolade 107

Herbstmenü 108
Vorspeise: Pak Choi, Champignons & Balsamico 108
Hauptspeise: Kürbis & Zucchini 108
Dessert: Pflaumen & Mohn 109

Wintermenü 110
Vorspeise: Karotten, Kohlrabi & Frischkäse 110
Hauptspeise: Grünkohl, Räuchertofu & Kartoffeln 110
Dessert: Orangen, Mandeln & körniger Frischkäse 111

Über die Autorin und den Autor 112
Impressum 112

VIELEN DANK!

One Auflaufform ist ein Riesenherzensprojekt, und wir bedanken uns bei allen Menschen, die uns bei unserem Koch- und Schreibprozess unterstützt haben.

Zunächst möchten wir uns ganz herzlich beim frechverlag für das Vertrauen und die immer freundliche, offene, produktive und angenehme Zusammenarbeit bedanken. Schön, dass ihr an das Projekt glaubt und uns bei der Umsetzung unterstützt habt.

Ein großes Dankeschön auch an Michael Ruder für die kreativen Nachmittage im Fotostudio und vor allem für die großartigen Fotos.

Ohne unsere unzähligen Testesser*innen, Probeköch*innen und Feedbackgeber*innen hätten wir es niemals geschafft, so viele Gerichte zu kreieren. Uli, Chrissi, Jaana, Dino, Conny, Alex, Marwin, Marlen, Alex, Sophia, Julian, Sophie, Maria, Fabian, Larissa, Bianca – danke, dass ihr unermüdlich probiert, gekocht und Feedback gegeben habt.

Vielen lieben Dank, lieber Mihi und Manne, dass ihr so viel gekocht und getestet und euch immer wieder auch an die unfertigen Rezepte gewagt habt. Eure Ratschläge und euer offenes Ohr waren Gold wert.

Ein herzliches Dankeschön geht an unsere Familie: für eure Ideen und eure Bereitschaft, jedes Rezept auszuprobieren.

Unsere lieben Eltern: Danke, dass ihr uns so bedingungslos, tatkräftig und herzlich unterstützt habt, uns Mut zugesprochen habt und immer wieder bereit wart, neue Rezepte zu testen – vor allem im Endspurt. Wir sind froh, dass wir euch haben.

Niemand hat so viele Rezepte nachgekocht, probiert, Gedanken ausgetauscht und die Idee für das Buch von Anfang an so gefeiert wie ihr. Tausend Dank an euch, Claudi und Micky. Ihr habt uns vom ersten Auflauf auf unserer Terrasse bis zum letzten chaotischen Koch-Wochenende bestärkt und unterstützt. Ohne euch hätten wir das niemals geschafft.

VORWORT

2 Vollzeitjobs, 2 Hunde und lange Pendelwege – in den letzten Jahren war es für uns nicht einfach, uns ausgewogen zu ernähren. Bis heute schaffen wir es häufig nicht, im Voraus zu planen und einzukaufen, um dann stundenlang in der Küche zu stehen. Als Sportwissenschaftler*innen mit einem Schwerpunkt auf Ernährungslehre war und ist uns eine gesunde und abwechslungsreiche Ernährung aber sehr wichtig.

Wenn wir nach einem langen Tag nach Hause kommen, möchten wir uns schnell ein leckeres und vor allem gesundes Gericht zaubern mit Zutaten, die wir meist ohnehin im Haus haben. Das können frische Beeren sein oder Kürbis, aber auch Tiefkühlspinat oder Kichererbsen. Wir möchten möglichst wenig wegwerfen müssen und nach dem Essen nicht vor einem Berg Abwasch stehen: Nichts schreckt uns mehr ab, als nach dem Kochen auch noch 17 Schüsseln abspülen zu müssen.

So sind wir durch Zufall auf One-Pot-Rezepte gestoßen, bei denen alle Zutaten in einem Topf zubereitet werden. Gestört hat uns aber, dass die Vorbereitungszeit solcher Gerichte oft recht lang ist, die Zutaten zum Teil zeitversetzt hinzugegeben werden müssen und dass man immer wieder umrühren und den Topf im Auge behalten muss. So kam uns die Idee, das One-Pot-Prinzip für Aufläufe weiterzuentwickeln.

Mit One Auflaufform zaubern wir schnelle, vegetarische und abwechslungsreiche Gerichte für den Alltag. Sie können mit wenig Aufwand innerhalb von Minuten zubereitet werden, und jedes Rezept lässt sich mit weiteren Zutaten zu einem außergewöhnlichen und individuellen Gericht verfeinern.

Wir hoffen, unsere Aufläufe bereiten dir ebenso viel Freude wie uns, und wünschen dir ganz viel Spaß beim Nachkochen, Variieren, Essen und Genießen!

**Viel Spaß!
Lisa & Andy**

Für alle Schnellen …

Du willst nicht viel lesen und lieber gleich loskochen? Hier kommt die Kurzversion:

- Bei One Auflaufform kommen alle Zutaten zusammen in eine Auflaufform und in den Ofen – Schüsseln und Töpfe abspülen fällt also weg.
- Die Aufläufe sind blitzschnell vorbereitet. Du brauchst immer höchstens 20 Minuten für die Zubereitung.
- Alle Aufläufe sind vegetarisch, einige vegan. Jedes Rezept enthält viele gesunde und keine (stark) verarbeiteten Lebensmittel – das ein oder andere Leckerli ist auch enthalten.
- Mit dem Basisrezept bereitest du eine komplette Mahlzeit zu.
- Je nach Geschmack und Verfügbarkeit kannst du Zutaten austauschen oder ergänzen, um die Aufläufe zu verfeinern.
- Bei jedem Rezept findest du Tipps zu weiteren Beilagen, Dips etc., die zu deinem Gericht passen.
- Deine eigenen Kreationen kannst du direkt beim Rezept notieren.

Beim Schneiden des Gemüses gilt die Faustregel: Je kleiner du es schneidest, desto schneller wird es gar.

Für alle, die etwas mehr wissen wollen …

Alle Aufläufe sind vegetarisch und enthalten keine (stark) verarbeiteten Lebensmittel, dafür viele gesundheitsfördernde Zutaten. In manchen Aufläufen gönnen wir uns ein Leckerli wie überbackenen Käse. Für uns sind die über 50 One Auflaufform-Rezepte die perfekte Mischung aus schnell und abwechslungsreich, lecker und gesund.

Basisrezepte

Bei One Auflaufform werden die Zutaten auf einmal in die Form gegeben und in den Ofen geschoben. Die Gerichte erfordern keine Zwischenschritte und kommen nach 20–60 Minuten komplett fertig aus dem Ofen. Einige Aufläufe werden nach dem Backen mit frischen Zutaten garniert. Die Zubereitungszeit beläuft sich auf höchstens 20 Minuten.

Jedes Gericht besteht aus einem Basisrezept, das mit wenigen Zutaten auskommt, die du in jedem gut sortierten Lebensmittelgeschäft kaufen kannst. Mit dem Basisrezept kochst du dir eine leckere, vollwertige Mahlzeit. Einige der Gerichte sind vegan.

Zutaten austauschen

Bei vielen Rezepten lassen sich Zutaten austauschen, je nachdem, was du noch so im Kühlschrank hast oder besonders gern magst. In der Tabelle gegenüber findest du ein paar Ideen, welche Zutaten sich gut austauschen lassen.

Natürlich kannst du nicht nur Zutaten, sondern auch die Menge verändern, beispielsweise wenn du für mehr als 2 Personen kochst oder besonders großen Hunger hast. Wenn du Zutaten austauschst, dann beachte Folgendes:

- Einige Zutaten wie Nudeln, Lauch, Linsen, Spinat und Salat müssen mit Flüssigkeit bedeckt sein, um gar zu werden und nicht zu verbrennen.
- Reis oder Linsen haben zwar die passende Backzeit für das Rezept, sie brauchen aber mehr Flüssigkeit.
- Bei einigen Lebensmitteln ändert sich die Backzeit je nach vorhandener Flüssigkeit. So sind dünn geschnittene Kartoffeln ohne Flüssigkeit bereits nach ca. 40 Minuten weich, wenn sie in einer Flüssigkeit liegen, erst nach ca. 50 Minuten.
- Es kann manchmal passieren, dass Lebensmittel mit anderen reagieren und den Geschmack des ganzen Gerichts verändern. So wird der Rosenkohl im Rezept für Thanksgiving (Seite 58/59) bitter, wenn du Orangen hinzufügst.

Zum Pimpen

Wir haben für jedes Gericht Ideen gesammelt, wie der Basisauflauf verfeinert werden kann. Du kannst den Aufläufen so ganz einfach eine individuelle Note geben: Mit Curry schmeckt ein Gericht asiatisch, mit Nüssen bekommt es einen besonderen Crunch. Du kannst deinen Auflauf also je nach Geschmack, Verfügbarkeit von Zutaten und Tageslaune anpassen.

Dazu schmeckt

Bei jedem Rezept findest du Anregungen, womit die Aufläufe kombiniert werden können. Mal ist das ein knackiger Salat, mal passt frisches Brot wunderbar dazu. Auch hier kannst du je nach Laune, Anlass, Hunger und Verfügbarkeit kombinieren.

Deine eigene Kreation

Durch das Variieren und Ausprobieren wirst du vielleicht zu ganz neuen Kreationen kommen. Du findest bei jedem Rezept Platz für deine Notizen: So kannst du festhalten, was dir besonders gut geschmeckt hat oder welche Zutaten du ersetzt hast.

Die Menüs

Mit dem One Auflaufform-Prinzip kannst du nicht nur Hauptspeisen, sondern auch komplette Menüs zubereiten. Wir haben für jede Jahreszeit ein Drei-Gänge-Menü mit Vorspeise, Hauptgericht und Dessert zusammengestellt (ab S. 104). Natürlich kannst du auch hier nach persönlichem Geschmack variieren.

Benötigte Materialien

Du brauchst für alle unsere Gerichte ein Schneidebrett und eine Auflaufform. Bei einigen Rezepten werden Soßen direkt in der Form angerührt oder Zutaten miteinander vermischt. Wir empfehlen daher kratzfeste, stabile Formen, die ofenfest sind. Ideal sind Auflaufformen aus Glas, Keramik, Edelstahl oder Porzellan.

Backofen

Die One Auflaufform-Gerichte können in jedem handelsüblichen Backofen zubereitet werden. Wir stellen unsere Aufläufe immer auf die mittlere Schiene und verwenden den Umluft. Je nach Auflaufform und Backofen(-größe) kann die Backzeit unter Umständen etwas variieren. Wir empfehlen grundsätzlich, mit einer Gabel oder einem Zahnstocher zu testen, ob die Zutaten gar sind, bevor du den Auflauf aus dem Ofen nimmst. Oder du naschst einfach direkt eine Gabel. Mit der Backzeit kannst du einige Gerichte auch ganz leicht variieren, je nachdem, ob du das Gemüse lieber bissfest oder weicher magst.

**Und jetzt:
In den Ofen –
fertig – lecker!**

Lebensmittel	Alternative
▶ **FRISCHES GEMÜSE**	
Aubergine	Blumenkohl, Zucchini
Blumenkohl	Aubergine, Kürbis, Karotte
Brokkoli	Karotte (etwas bissfester), Süßkartoffeln, klein geschnittener Blumenkohl
Frühlingszwiebeln	Lauch, Zwiebeln
Karotte	Staudensellerie, Knollensellerie, Pastinake
Kürbis	Blumenkohl, Kartoffeln, Pastinake

Lebensmittel	Alternative
Lauch	Frühlingszwiebeln
Mangold	Pak Choi, Spinat
Paprika	Tomate, Brokkoli, Zucchini
Tomate	Paprika, Tomaten aus der Dose
Pak Choi	Mangold, Chinakohl
Weißkohl	Pak Choi, Chinakohl
Wirsing	Grünkohl, Pak Choi
Zucchini	Zuckerschoten, Paprika, grüne Bohnen
▶ **FRISCHES OBST**	
Birne	Apfel
Himbeeren	Heidelbeeren, Erdbeeren

Lebensmittel	Alternative
▶ **KONSERVENGEMÜSE & TIEFKÜHLKOST**	
TK-Spinat	Grünkohl (TK oder Glas)
Kichererbsen	weiße Bohnen, Kidneybohnen
passierte Tomaten	gehackte Tomaten
▶ **GETREIDE/REIS**	
Reis (Basmati oder Jasmin)	Buchweizen, Bulgur
Hirse	Quinoa
Soba-Nudeln	Mie-Nudeln, Linsennudeln, Kichererbsen-Nudeln

FRÜHLINGS

AUFLÄUFE

Für den Osterbrunch

Quinoa, Lauch, Karotten & Champignons

2 Portionen 20 Minuten

Zutaten

- 175 g (Kräuter-) Frischkäse
- 75 g geriebener Käse
- 3 EL Sojasoße
- 1 Stange Lauch (ca. 150 g)
- 2 Karotten (ca. 150 g)
- 6 Champignons (ca. 120 g)
- 100 g Quinoa
- 3 EL Walnüsse (ca. 45 g)
- Salz
- Pfeffer

1. Den Backofen auf 180 °C vorheizen.
2. 175 g Frischkäse und 75 g geriebenen Käse in die Auflaufform geben, 450 ml Wasser und 3 EL Sojasoße darübergießen und alles gut verrühren.
3. Den Lauch, 2 Karotten und 6 Champignons putzen, in kleine Stücke schneiden und zum Käse in die Auflaufform legen. 100 g Quinoa gründlich waschen und gemeinsam mit 3 EL Walnüssen in die Auflaufform geben. Alle Zutaten gut vermischen und mit Salz und Pfeffer würzen. Der Lauch sollte beim Backen gut bedeckt sein.
4. Den Auflauf für ca. 45 Minuten bei 180 °C backen.

Zum Pimpen

- Zuckerschoten
- Kreuzkümmel

Dazu schmeckt

- Spargelcremesuppe
- Wildkräutersalat

Deine eigene Kreation

Mangold, Ricotta, Tomaten & Lasagneplatten

2 Portionen 15 Minuten

Zutaten

- 250 g Ricotta
- 100 ml Hafermilch
- 2 TL Muskat
- Salz
- Pfeffer
- 8 Lasagneplatten
- 4 Tomaten (ca. 400 g)
- 1 mittelgroßer Mangold (ca. 400 g)
- 100 g geriebener Käse

1 Den Backofen auf 180 °C vorheizen.

2 250 g Ricotta mit 200 ml Wasser und 100 ml Hafermilch in der Auflaufform mischen, mit 2 TL Muskat, Salz und Pfeffer würzen und nochmals gut verrühren, sodass eine homogene Soße entsteht. 4 der Lasagneplatten in die Flüssigkeit legen.

3 4 Tomaten waschen und in kleine Stücke schneiden. Den Mangold putzen und in ca. 2 cm breite Streifen schneiden. Die Hälfte des geschnittenen Gemüses auf die Lasagneplatten legen und mit Salz und Pfeffer würzen.

4 4 weitere Lasagneplatten auf das Gemüse schichten und mit der anderen Hälfte des Gemüses bedecken. 100 g geriebenen Käse über den Auflauf streuen und nochmals würzen.

5 Den Auflauf für ca. 35 Minuten bei 180 °C backen.

Zum Pimpen

- **Zucchini**
- **Zwiebeln**

Dazu schmeckt

- **Bruschetta**
- **Rucolasalat**

Deine eigene Kreation

Für einen Nachmittag im Garten

Beeren, Quark & Grieß

2 Portionen | 10 Minuten

Zutaten

- 75 g Grieß
- 500 g Quark
- 2 EL Zitronensaft
- 6 Pck. Vanillezucker (oder 50 g Zucker)
- 250 g frische Himbeeren
- 200 g frische Heidelbeeren

1 Den Backofen auf 180 °C vorheizen.

2 75 g Grieß in der Auflaufform mit 500 g Quark, 2 EL Zitronensaft und 6 Pck. Vanillezucker verrühren.

3 250 g Himbeeren und 200 g Heidelbeeren vorsichtig waschen und unterheben.

4 Den Auflauf für ca. 25 Minuten bei 180 °C backen.

Tipp Die frischen Beeren können auch (teilweise) durch TK-Beeren ersetzt werden – mit entsprechend verlängerter Backzeit.

Zum Pimpen

- frische Minze
- frisches Basilikum

Dazu schmeckt

- kalte Gurkensuppe als Vorspeise

Deine eigene Kreation

Nach der ersten Radtour

Gnocchi, Kirschtomaten, Zucchini, Champignons & Feta

2 Portionen 10 Minuten

Zutaten

- 6 Champignons (ca. 120 g)
- 1 kleine Zucchini (ca. 150 g)
- 250 g Kirschtomaten
- 500 g Gnocchi (Kühlregal)
- 200 g Feta
- 3 EL Olivenöl
- 3 EL Zitronensaft
- Salz
- Pfeffer

1 Den Backofen auf 180 °C vorheizen.

2 6 Champignons putzen, vierteln und in die Auflaufform legen. Die Zucchini waschen, in kleine Stücke schneiden und ebenfalls in die Auflaufform geben.

3 250 g Kirschtomaten waschen und mit 500 g Gnocchi unter die Zucchini und die Pilze heben. 200 g Feta in die Auflaufform bröseln.

4 3 EL Olivenöl und 3 EL Zitronensaft dazugeben, alles mit Salz und Pfeffer würzen und gut vermischen.

5 Den Auflauf für ca. 25 Minuten bei 180 °C backen. Vor dem Servieren nochmals gut umrühren.

Zum Pimpen

- Pinienkerne
- frischer Rucola (nach dem Backen darüber geben)
- Knoblauch

Dazu schmeckt

- Babyspinatsalat
- grüner Salat

Deine eigene Kreation

Für eine Frühlingswanderung

Babyspinat, Ei, Feta & Walnüsse

2 Portionen — 10 Minuten

Zutaten

- 100 g frischer Babyspinat
- 200 g Feta
- 5 Eier
- 3 EL Walnüsse (ca. 45 g)
- 2 EL Mehl (ca. 30 g)
- 2 EL Naturjoghurt (ca. 45 g)
- 1 TL Currypulver
- ½ Pck. Backpulver (7 g)
- Salz
- Pfeffer

1 Den Backofen auf 180 °C vorheizen.

2 100 g Babyspinat waschen und in die Auflaufform geben. 200 g Feta mit der Hand in die Form bröseln. 5 Eier, 3 EL Walnüsse, 2 EL Mehl, 2 EL Joghurt, 1 TL Currypulver und ½ Pck. Backpulver hinzufügen, alles gut vermischen und mit Salz und Pfeffer würzen. Die Oberfläche des Auflaufs mit einem Löffel glattstreichen.

3 Den Auflauf für ca. 30 Minuten bei 180 °C backen.

Tipp Anstelle von frischem Babyspinat kann auch TK-Spinat verwendet werden.

Zum Pimpen

- Berberitzen (geben dem Auflauf eine säuerliche Note)
- geriebener Käse (zum Überbacken)

Dazu schmeckt

- Tomatensalat
- Karottensalat

Deine eigene Kreation

Für Reiseträume

Halloumi, Falafel, Paprika & Lauch

2 Portionen · 20 Minuten

Zutaten

- 175 g Falafel-Fertigmischung
- 1 Karotte (ca. 75 g)
- 1 Stange Lauch (ca. 250 g)
- 1 grüne Paprika (ca. 200 g)
- 2 Halloumi-Grillkäse (200 g)
- 6 EL Rapsöl
- 2 EL Tomatenmark (ca. 50 g)
- ½ TL Ingwerpulver oder ein daumennagelgroßes Stück frischer Ingwer
- 2 TL Chilipulver
- Salz

1. Den Backofen auf 180 °C vorheizen.
2. 175 g Falafel-Fertigmischung mit 200 ml Wasser in die Auflaufform geben, gut verrühren und 5 Minuten quellen lassen.
3. Währenddessen das Gemüse putzen. Die Karotte mit einem Sparschäler in dünne Scheiben schneiden. Den Lauch in Ringe und die Paprika sowie die beiden Halloumi-Käse klein schneiden.
4. Aus der Falafel-Masse 8 Bällchen formen, in eine Ecke der Auflaufform legen und mit 2 EL des Rapsöls beträufeln.
5. Das Gemüse und den Käse in die andere Ecke der Auflaufform legen und mit ½ TL Ingwer, 2 TL Chili und Salz würzen. 2 EL Tomatenmark und die restlichen 4 EL Rapsöl darübergeben und gut vermischen.
6. Den Auflauf für ca. 30 Minuten bei 180 °C backen.

Zum Pimpen

- **Zwiebeln**
- **frischer Koriander**

Dazu schmeckt

- **Taboulé**
- **Tahin**
- **Joghurt-Dip**

Deine eigene Kreation

Für eine Date Night

Zucchini, Tofu, Salat & Mie-Nudeln

2 Portionen | 20 Minuten

Zutaten

- 2 Knoblauchzehen
- 3 EL Pflaumenmarmelade (ca. 100 g)
- 1 EL Zitronensaft
- 5 EL Sojasoße
- 2 TL Chilipulver
- Salz
- 125 g Mie-Nudeln
- 200 g Tofu
- 3 EL Cashewkerne (ca. 40 g)
- 1 kleines Romanasalatherz
- 1 kleine Zucchini (ca. 150 g)
- 2 EL Rapsöl

Zum Pimpen

- Frühlingszwiebeln
- Zuckerschoten
- Ingwer
- frischer Koriander

Dazu schmeckt

- Sommerrollen als Vorspeise
- Edamame als Vorspeise

Deine eigene Kreation

1. Den Backofen auf 180 °C vorheizen.
2. Die beiden Knoblauchzehen mit einer Presse zerdrücken oder in sehr kleine Stücke schneiden. 3 EL Pflaumenmarmelade, 1 EL Zitronensaft, Knoblauch, 2 EL der Sojasoße, 2 TL Chili, 100 ml Wasser und etwas Salz in der Auflaufform zu einer Soße verrühren. Die Pflaumenmarmelade lässt sich dabei nicht ganz homogen untermischen, das kann nach dem Backen nachgeholt werden.
3. 125 g Mie-Nudeln mit den Händen direkt in die Soße bröseln. 200 g Tofu in kleine Würfel schneiden und gemeinsam mit 3 EL Cashewkernen in die Soße legen. Alles gut vermischen. Die Nudeln sollten beim Backen gut bedeckt sein.
4. Den Romanasalat putzen, in Scheiben schneiden und in die Auflaufform legen. Die Zucchini waschen, in kleine Stücke schneiden und auf den Romanasalat legen. Den kompletten Auflauf mit 2 EL Rapsöl, 100 ml Wasser und den restlichen 3 EL Sojasoße beträufeln.
5. Den Auflauf für ca. 25 Minuten bei 180 °C backen. Vor dem Servieren gut umrühren.

Tipp Wer es knackiger mag, kann den Auflauf bereits nach 20 Minuten aus dem Ofen nehmen.

Für den Maifeiertag

Kartoffeln & Spargel

2 Portionen 10 Minuten

Zutaten

- 500 g grüner Spargel
- 150 g Crème fraîche
- Salz
- Pfeffer
- 5 Kartoffeln (ca. 380 g)
- 2 EL Rapsöl

1. Den Backofen auf 180 °C vorheizen.
2. 500 g Spargel putzen, vierteln und in die Auflaufform legen. 150 g Crème fraîche dazugeben, mit Salz und Pfeffer würzen und alles gut vermischen.
3. 5 Kartoffeln waschen und in sehr dünne Scheiben schneiden. Die Kartoffelscheiben auf den Spargel schichten, mit 2 EL Rapsöl beträufeln und mit Salz und Pfeffer würzen.
4. Den Auflauf für ca. 35 Minuten bei 180 °C backen.

Zum Pimpen

- **Bärlauch**
- **Sonnenblumenkerne**

Dazu schmeckt

- **Spiegeleier oder hart gekochte Eier**
- **Pfannkuchen**

Deine eigene Kreation

SOMMER

AUFLÄUFE

Für laue Abende auf dem Balkon

Aubergine, Paprika & Bulgur

2 Portionen

15 Minuten

Zutaten

- 1 kleine Aubergine (ca. 220 g)
- Salz
- 4 EL Olivenöl
- 1 Paprika (ca. 200 g)
- 1 kleine Zwiebel (ca. 60 g)
- 100 g Bulgur
- 2 TL Paprikapulver
- 1 TL (Cayenne-)Pfeffer
- 2 Dosen gehackte Tomaten (800 g)

1. Den Backofen auf 180 °C vorheizen.
2. Die Aubergine putzen, in kleine Würfel schneiden und in die Auflaufform geben. Die Auberginenstücke salzen, mit 4 EL Olivenöl beträufeln und gut umrühren, sodass alle Stücke mit Öl benetzt sind.
3. Die Paprika putzen, in dünne Streifen schneiden und in die Auflaufform geben. Die Zwiebel schälen, in kleine Stücke schneiden und mit 100 g Bulgur in die Form füllen. Alle Zutaten gut vermischen und mit Salz, 2 TL Paprikapulver und 1 TL Pfeffer würzen.
4. 800 g gehackte Tomaten hinzugeben und nochmals kräftig umrühren.
5. Den Auflauf für ca. 45 Minuten bei 180 °C backen.

Zum Pimpen

- Sojaschnetzel
- Isot-Paprika
- Knoblauch
- Paprikamark

Dazu schmeckt

- körniger Frischkäse
- frisches Bauernbrot

Deine eigene Kreation

Für einen italienischen Sommerabend

Aubergine, Tomaten & Käse

2 Portionen 15 Minuten

Zutaten

- 1 Aubergine (ca. 340 g)
- Salz
- Pfeffer
- 6 EL Olivenöl
- 2 Knoblauchzehen
- 1 Pck. passierte Tomaten (500 g)
- 150 g geriebener Käse

1. Den Backofen auf 180 °C vorheizen.
2. Die Aubergine putzen, in sehr dünne Scheiben (unter 1 cm) schneiden und in die Auflaufform geben. Die Auberginen mit Salz und Pfeffer würzen, mit 6 EL Olivenöl beträufeln und gut umrühren, sodass alles gut mit Öl benetzt ist.
3. Die beiden Knoblauchzehen mit einer Presse zerdrücken oder in sehr kleine Stücke schneiden und zusammen mit 500 g passierten Tomaten über die Auberginen geben. Alles nochmal mit Salz und Pfeffer würzen und gut vermischen. 150 g geriebenen Käse über den Auflauf streuen.
4. Den Auflauf für ca. 40 Minuten bei 180 °C backen.

Zum Pimpen

- Nudeln oder Lasagneplatten (zerbrechen)
- Zucchini
- Feta

Dazu schmeckt

- Pizzabrot
- grüner oder gemischter Salat

Deine eigene Kreation

Für den ersten Urlaubstag

Soba-Nudeln, Brokkoli & Kokos

2 Portionen 15 Minuten

 +  + 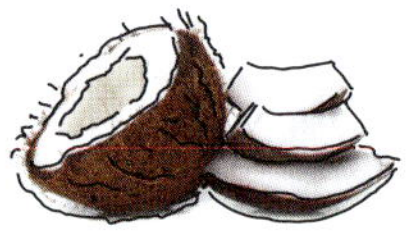

Zum Pimpen

- Schwarzkümmelsamen
- Sesam
- Tofu
- Harissa-Gewürz

Dazu schmeckt

- Edamame als Vorspeise
- vegetarische Tom Kha Gai als Vorspeise

Deine eigene Kreation

____

____

____

____

____

Zutaten

- 1 Knoblauchzehe
- 1 Dose Kokosmilch (400 ml)
- 2 EL Erdnussbutter (ca. 75 g)
- 4 EL Sojasoße
- 2 EL Zitronensaft
- 1 TL getrockneter Koriander
- Salz
- 150 g Soba-Nudeln
- 1 Kopf Brokkoli (ca. 500 g)

1 Den Backofen auf 180 °C vorheizen.

2 Die Knoblauchzehe mit einer Presse zerdrücken oder in sehr kleine Stücke schneiden. 400 ml Kokosmilch, 2 EL Erdnussbutter, 4 EL Sojasoße, 2 EL Zitronensaft, 100 ml Wasser, den Knoblauch, 1 TL Koriander und Salz in der Auflaufform miteinander verrühren. Die Erdnussbutter lässt sich dabei nicht ganz homogen untermischen, das kann nach dem Backen nachgeholt werden. 150 g Soba-Nudeln in die Flüssigkeit legen.

3 Den Brokkoli waschen, die Röschen vom Strunk trennen, klein schneiden und auf den Soba-Nudeln verteilen. Den Brokkoli dabei etwas nach unten drücken, sodass die Röschen in der Soße liegen.

4 Den Auflauf für ca. 30 Minuten bei 180 °C backen. Vor dem Servieren gut umrühren.

Tipp Soba-Nudeln lassen sich durch Mie-Nudeln oder Linsen-Nudeln ersetzen.

Nach dem Yoga

Gelbe Linsen, Aprikosen & Zucchini

2 Portionen 15 Minuten

Zutaten

- 150 g gelbe Linsen
- 1 ½ Zucchini (ca. 350 g)
- 2 Knoblauchzehen
- 1 kleine Zwiebel (ca. 60 g)
- 100 g getrocknete Aprikosen
- 4 TL Currypulver
- Salz
- 4 TL Tahin oder Naturjoghurt

1 Den Backofen auf 180 °C vorheizen.

2 150 g Linsen gründlich waschen und in die Auflaufform geben. 1 ½ Zucchini waschen, in kleine Stücke schneiden und dazugeben. Die beiden Knoblauchzehen mit einer Knoblauchpresse zerdrücken oder in sehr kleine Stücke schneiden. Die Zwiebel schälen, klein schneiden und mit dem Knoblauch untermischen.

3 100 g getrocknete Aprikosen vierteln und darauf verteilen. 400 ml Wasser darübergießen, den Auflauf mit 4 TL Currypulver und Salz würzen und alles gut durchmischen.

4 Den Auflauf für ca. 45 Minuten bei 180 °C backen. 4 TL Tahin darübergeben.

Zum Pimpen

- Feta
- Cashewkerne
- Kurkuma

Dazu schmeckt

- Joghurt-Dip
- Papadam
- Naan-Brot

Deine eigene Kreation

Für ein Picknick

Feta, Tomaten & Brot

2 Portionen · 10 Minuten

+

+

Zum Pimpen

- Oliven
- frisches oder getrocknetes Basilikum (nach dem Backen darübergeben)
- Oregano

Dazu schmeckt

- grüner oder gemischter Salat
- gefüllte Weinblätter

Deine eigene Kreation

Zutaten

- 5 Tomaten (ca. 500 g)
- 1 Zwiebel (ca. 80 g)
- 200 g Feta
- 1 Knoblauchzehe
- 6 EL Olivenöl
- Salz
- Pfeffer
- 4 Scheiben Brot

1. Den Backofen auf 180 °C vorheizen.
2. 5 Tomaten waschen und in Stücke schneiden. Die Zwiebel schälen, in Ringe schneiden und mit den Tomaten in die Auflaufform geben. 200 g Feta darüberbröseln. Die Knoblauchzehe mit einer Presse zerdrücken oder in sehr kleine Stücke schneiden. Den Knoblauch und 2 EL des Olivenöls darübergeben, alles mit Salz und Pfeffer würzen und gut vermischen.
3. 4 Brotscheiben auf den Auflauf legen, mit den restlichen 4 EL Olivenöl beträufeln und ebenfalls mit Salz und Pfeffer würzen.
4. Den Auflauf für ca. 20 Minuten bei 180 °C backen.

Für einen heißen Sommertag

Mango, Zuckerschoten, Reis & Kokos

2 Portionen | 15 Minuten

Zutaten

- 125 g Jasmin- oder Basmatireis
- 200 g Zuckerschoten
- 5 EL Mandelstifte oder -hobel (ca. 50 g)
- 1 Dose Kokosmilch (400 ml)
- 2 TL Currypulver
- Salz
- 1 reife Mango (ca. 400 g)

1 Den Backofen auf 180 °C vorheizen.

2 125 g Reis waschen und 200 g Zuckerschoten putzen. Zusammen mit 5 EL Mandelstiften, 400 ml Kokosmilch, 100 ml Wasser, 2 TL Currypulver und Salz in die Auflaufform geben und gut vermischen.

3 Die Mango schälen, den Kern entfernen und das Fruchtfleisch in Scheiben schneiden. Den Auflauf möglichst komplett mit Mangoscheiben bedecken.

4 Den Auflauf für ca. 40 Minuten bei 180 °C backen. Vor dem Servieren nochmals gut umrühren.

Tipp Wer es besonders cremig bzw. mit etwas mehr Soße mag, kann die doppelte Menge Kokosmilch verwenden.

Zum Pimpen

- Tofu
- Sprossen (z. B. Soja- oder Mungobohnen-Sprossen)

Dazu schmeckt

- Miso-Suppe als Vorspeise
- Sommerrollen

Deine eigene Kreation

Für einen Outdoor-Brunch

Rote Linsen, Aubergine, Kokos & Feta

2 Portionen   10 Minuten

Zum Pimpen

- Lasagneplatten (zerbrechen und untermischen)
- Zwiebeln
- Knoblauch

Dazu schmeckt

- Naan-Brot
- grüner oder gemischter Salat

Deine eigene Kreation

____

____

____

____

____

Zutaten

- 150 g rote Linsen
- 1 kleine Aubergine (ca. 250 g)
- 200 g Feta
- 4 TL Currypulver
- Salz
- 1 Dose Kokosmilch (400 ml)

1. Den Backofen auf 180 °C vorheizen.
2. 150 g Linsen waschen und die Aubergine putzen. Die Aubergine und 200 g Feta in kleine Würfel schneiden. Alles in die Auflaufform geben, mit 4 TL Currypulver und Salz würzen.
3. 400 ml Kokosmilch und 250 ml Wasser darübergießen und alles gut vermischen.
4. Den Auflauf für ca. 50 Minuten bei 180 °C backen.

Für eine Gartenparty

Couscous, Aubergine, Kichererbsen & Granatapfel

2 Portionen 15 Minuten

Zutaten

- 1 Dose Kichererbsen (240 g Abtropfgewicht)
- 120 g Couscous
- 1 EL Honig (ca. 20 g)
- 5 EL Rapsöl
- 3 TL Kreuzkümmel
- Salz
- 1 kleine Aubergine (ca. 250 g)
- ½ Granatapfel (ca. 150 g)

1 Den Backofen auf 180 °C vorheizen.

2 240 g Kichererbsen, 120 g Couscous, 1 EL Honig, 100 ml Wasser und 1 EL des Rapsöls in die Auflaufform geben, mit 3 TL Kreuzkümmel und Salz würzen und gut vermischen.

3 Die Aubergine putzen und in ca. 1 cm dicke Würfel schneiden. Die Auberginenstücke auf den Auflauf legen und mit den restlichen 4 EL Rapsöl beträufeln, sodass alle Stücke befeuchtet sind. Alles nochmals mit Salz würzen.

4 Den Auflauf für ca. 40 Minuten bei 180 °C backen.

5 In der Zwischenzeit ½ Granatapfel entkernen. Die Granatapfelkerne nach dem Backen über den Auflauf streuen. Vor dem Servieren gut umrühren.

Zum Pimpen

- Tahin
- Feta
- frische Minze

Dazu schmeckt

- Joghurt-Dip
- Tomatensalat mit Zwiebeln
- Gurkensalat

Deine eigene Kreation

HERBST

AUFLÄUFE

Für einen gemütlichen Spieleabend

Wirsing, Champignons, Ziegenkäse & Brot

2 Portionen 10 Minuten

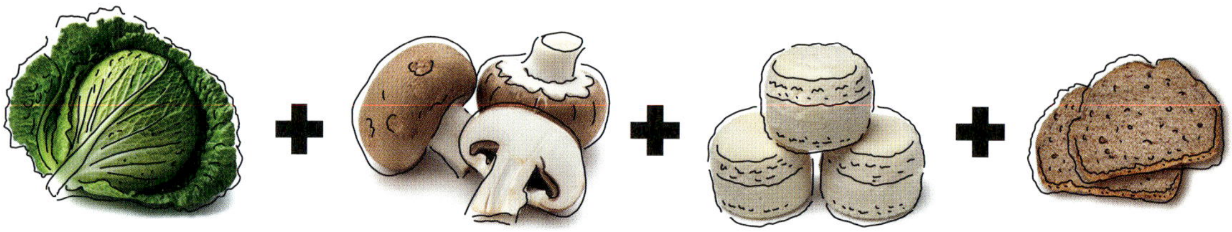

Zutaten

- ½ Wirsing (ca. 280 g)
- 9 Champignons (ca. 180 g)
- 6 EL Rapsöl
- 1 TL Chilipulver
- Salz
- Pfeffer
- 1 Rolle Ziegenweichkäse (200 g)
- 2 EL Honig (ca. 40 g)
- 4 Scheiben Brot

1 Den Backofen auf 180 °C vorheizen.

2 ½ Wirsing putzen, in Streifen schneiden und in die Auflaufform legen. 9 Champignons putzen, in Scheiben schneiden und dazulegen. 4 EL des Rapsöls, 1 TL Chili, Salz und Pfeffer über dem Wirsing und den Champignons verteilen und alles vermischen.

3 200 g Ziegenkäse in Scheiben schneiden und auf das Gemüse schichten. Den Ziegenkäse mit 2 EL Honig beträufeln. 4 Brotscheiben auf den Auflauf legen, mit den restlichen 2 EL Rapsöl benetzen und mit Salz und Pfeffer würzen.

4 Den Auflauf für ca. 30 Minuten bei 180 °C backen.

Zum Pimpen

- Walnüsse

Dazu schmeckt

- Karottensalat
- Kartoffelsalat

Deine eigene Kreation

Für die letzten Sonnenstrahlen

Birne, Gorgonzola & Kartoffeln

2 Portionen 15 Minuten

Zutaten

- 2 kleine Birnen (ca. 350 g)
- 3 EL Walnüsse (ca. 45 g)
- 200 g Gorgonzola
- 5 Kartoffeln (ca. 380 g)
- 100 ml Hafermilch
- Salz
- Pfeffer

1 Den Backofen auf 180 °C vorheizen.

2 Die beiden Birnen putzen, in kleine Stücke schneiden und mit 3 EL Walnüssen in die Auflaufform legen. 200 g Gorgonzola mit der Hand zerzupfen und auf den Birnenstücken und den Walnüssen verteilen.

3 5 Kartoffeln waschen, in sehr dünne Scheiben schneiden und auf die Masse schichten. Die Kartoffeln mit 100 ml Hafermilch beträufeln und mit Salz und Pfeffer würzen.

4 Den Auflauf für ca. 40 Minuten bei 180 °C backen. Er darf gerne eine dunkle Kruste bekommen. Vor dem Servieren gut umrühren.

Zum Pimpen

- Zucchini
- Thymian
- Sonnenblumenkerne

Dazu schmeckt

- Feldsalat
- Karottensalat
- Tomatensalat

Deine eigene Kreation

Für Halloween

Kürbis, Hirse, Paprika & Cranberrys

2 Portionen 15 Minuten

Zum Pimpen

- Sesam
- Maronen
- Kreuzkümmel

Dazu schmeckt

- Kartoffelbrei
- gedünstete Bohnen

Deine eigene Kreation

____

____

____

____

____

Zutaten

- 1 rote Paprika (ca. 200 g)
- 120 g Hirse
- 2 EL Cranberrys (ca. 40 g)
- 2 EL Zitronensaft
- 3 TL Zimt
- 1 EL Honig (ca. 20 g)
- Salz
- ½ kleiner Hokkaidokürbis (ca. 400 g)
- 3 EL Rapsöl
- 4 EL Naturjoghurt (ca. 150 g)

1. Den Backofen auf 180 °C vorheizen.
2. Die Paprika putzen und in Stücke schneiden. Die Paprika, 120 g Hirse und 2 EL Cranberrys in die Auflaufform geben. 2 EL Zitronensaft und 100 ml Wasser über die Zutaten gießen, den Auflauf mit 3 TL Zimt, 1 EL Honig und Salz würzen. Alles gut vermischen.
3. ½ Kürbis waschen, entkernen und in ca. 2 cm große Würfel schneiden. Die Kürbisstücke auf den Auflauf legen und gleichmäßig mit 3 EL Rapsöl beträufeln.
4. Den Auflauf für ca. 40 Minuten bei 180 °C backen.
5. Gut umrühren und pro Portion mit 2 EL Naturjoghurt servieren.

Nach dem Laternenlaufen

Apfel, Brot & Rosinen

2 Portionen 5 Minuten

Zutaten

- 2 Äpfel (ca. 400 g)
- 4 Scheiben Brot
- 3 EL Rosinen (ca. 45 g)
- 1 Pck. Vanillepuddingpulver (37 g)
- 30 g + etwas Zucker
- 500 ml Hafermilch
- Zimt

1 Den Backofen auf 180 °C vorheizen.

2 Die beiden Äpfel putzen, in kleine Stücke schneiden und in die Auflaufform geben. 4 Brotscheiben zerrupfen und mit 3 EL Rosinen in die Auflaufform geben.

3 1 Pck. Vanillepuddingpulver und 30 g Zucker möglichst gleichmäßig über die Zutaten streuen und alles gut vermischen. 500 ml Hafermilch über den Auflauf gießen und nochmals gut umrühren.

4 Den Auflauf für ca. 20 Minuten bei 180 °C backen.

5 Mit Zimt und Zucker bestreuen.

Zum Pimpen

- Haselnüsse
- Mandeln

Dazu schmeckt

- Kartoffel-Ingwer-Suppe als Vorspeise

Deine eigene Kreation

Nach einem Workout

Kartoffeln, Ei & Bohnen

2 Portionen 15 Minuten

Zutaten

- 5 Kartoffeln (ca. 380 g)
- 200 g Busch- oder Prinzessbohnen
- 3 Eier
- Salz
- Pfeffer
- 1 Glas grünes Pesto (190 g)

1. Den Backofen auf 180 °C vorheizen.
2. 5 Kartoffeln waschen, in ca. 1 cm breite Stifte schneiden und in die Auflaufform geben. 200 g Bohnen putzen, vierteln und zu den Kartoffeln legen.
3. 3 Eier darüberschlagen, mit Salz und Pfeffer würzen und alles gut vermischen. 190 g Pesto als Kleckse auf dem Auflauf verteilen.
4. Den Auflauf für ca. 45 Minuten bei 180 °C backen.

Zum Pimpen

- Rosmarin
- Paprika
- Sonnenblumenkerne

Dazu schmeckt

- Linsensuppe als Vorspeise
- grüner oder gemischter Salat

Deine eigene Kreation

Nach einem Herbstspaziergang

Wirsing, Süßkartoffeln & Parmesan

2 Portionen 10 Minuten

Zutaten

- ½ Wirsing (ca. 280 g)
- 1 kleine Süßkartoffel (ca. 200 g)
- 100 g Sojagranulat
- 250 ml Hafersahne
- 2 TL Paprikapulver
- Salz
- Pfeffer
- 100 g gehobelter Parmesan

1 Den Backofen auf 180 °C vorheizen.

2 ½ Wirsing putzen, in Streifen schneiden und in die Auflaufform legen. Die Süßkartoffel waschen, in kleine Stücke schneiden und mit 100 g Sojagranulat in die Auflaufform geben.

3 Alles mit 250 ml Hafersahne übergießen, mit 2 TL Paprika, Salz und Pfeffer würzen und gut vermischen. 100 g gehobelten Parmesan darübergeben.

4 Den Auflauf für ca. 30 Minuten bei 180 °C backen.

Tipp Anstelle von Sojagranulat kann auch zerbröselter Tofu verwendet werden.

Zum Pimpen

- **Harissa-Gewürz**
- **Haselnüsse**

Dazu schmeckt

- **Bauernbrot**
- **Quark, verfeinert mit Kürbiskernöl**

Deine eigene Kreation

Für Thanksgiving

Rosenkohl, Sellerie & Tofu

2 Portionen 15 Minuten

Zutaten

- 250 g Rosenkohl
- 100 g Tofu
- 3 Stangen Staudensellerie (ca. 125 g)
- 1 kleine Zwiebel (ca. 60 g)
- 100 g Semmelwürfel
- 5 EL Rapsöl
- 3 TL Gemüsebrühenpulver
- 2 TL getrockneter Salbei

1 Den Backofen auf 180 °C vorheizen.

2 250 g Rosenkohl putzen, vierteln und in die Auflaufform geben. 100 g Tofu in kleine Würfel schneiden und ebenfalls in die Form geben. 3 Stangen Staudensellerie putzen, in kleine Stücke schneiden und in die Auflaufform geben. Die Zwiebel schälen, in kleine Stücke schneiden und mit 100 g Semmelwürfeln in die Auflaufform füllen.

3 250 ml Wasser und 5 EL Rapsöl darübergießen, mit 3 TL Gemüsebrühe und 2 TL Salbei würzen und gut vermischen. Der Rosenkohl muss gut bedeckt sein.

4 Den Auflauf für ca. 50 Minuten bei 180 °C backen.

Tipp Statt frischem kann TK-Rosenkohl verwendet werden. Einfach die ganzen Röschen in die Auflaufform geben.

Zum Pimpen

- Petersilie
- Hirtenkäse
- Stangenbohnen

Dazu schmeckt

- Kartoffelpüree
- Pumpkin-Pie

Deine eigene Kreation

Für eine Gruselparty

Kürbis, Maronen & Champignons

2 Portionen   15 Minuten

Zutaten

- ½ kleiner Hokkaidokürbis (ca. 400 g)
- 6 Champignons (ca. 120 g)
- 100 g verzehrfertige Maronen
- 5 EL gehackte Haselnüsse (ca. 50 g)
- 100 ml Hafersahne
- 2 EL Tomatenmark (ca. 50 g)
- 2 TL Gemüsebrühenpulver
- 3 TL getrocknete Petersilie
- Salz
- Pfeffer

1 Den Backofen auf 180 °C vorheizen.

2 ½ Kürbis waschen, entkernen, in ca. 2 cm große Würfel schneiden und in die Auflaufform legen. 6 Champignons putzen, vierteln und ebenfalls in die Auflaufform geben.

3 100 g Maronen halbieren und mit 5 EL gehackten Haselnüssen, 100 ml Hafersahne, 2 EL Tomatenmark und 300 ml Wasser zum Kürbis und den Champignons geben. Alles mit Salz, Pfeffer, 2 TL Gemüsebrühe und 3 TL getrockneter Petersilie abschmecken und gut verrühren.

4 Den Auflauf für ca. 40 Minuten bei 180 °C backen.

Zum Pimpen

- Äpfel
- Nelken

Dazu schmeckt

- Blätterteigpasteten
- Couscous

Deine eigene Kreation

WINTER

AUFLÄUFE

Für den ersten Weihnachtsfilm des Jahres

Orange, Süßkartoffeln, Rote Bete & Feta

2 Portionen 15 Minuten

Zutaten

- 1 mittelgroße Süßkartoffel (ca. 350 g)
- 2 vorgegarte rote Beten (220 g)
- 200 g Feta
- 2 große Orangen (ca. 750 g)
- 2 EL Pinienkerne (ca. 30 g)
- 3 TL getrockneter Thymian
- Salz
- Pfeffer

Zum Pimpen

- Zwiebeln

Dazu schmeckt

- Baguette
- Couscous

Deine eigene Kreation

1. Den Backofen auf 180 °C vorheizen.
2. Die Süßkartoffel waschen, in ca. 1 cm kleine Würfel schneiden und in die Auflaufform legen. 2 rote Beten und 200 g Feta ebenfalls in Würfel schneiden (gerne etwas größer) und zur Süßkartoffel geben.
3. Eine der Orangen mit einem scharfen Messer filetieren, in kleine Stücke schneiden und mit 2 EL Pinienkernen und 3 TL Thymian über dem Gemüse verteilen. Die zweite Orange auspressen und über die Zutaten geben (mit einer Saftpresse oder von Hand direkt in die Auflaufform). Alles mit Salz und Pfeffer abschmecken und gut vermischen.
4. Den Auflauf für ca. 45 Minuten bei 180 °C backen.

Für einen tristen Wintertag

Camembert, Nudeln, Blumenkohl & Erbsen

2 Portionen   10 Minuten

Zutaten

- 1 Camembert (250 g)
- 200 g Nudeln
- Salz
- 150 g TK-Erbsen
- 250 g Blumenkohl
- Pfeffer

1 Den Backofen auf 180 °C vorheizen.

2 Den Camembert in die Mitte der Auflaufform legen und leicht gitterförmig einschneiden. 200 g Nudeln um den Camembert verteilen und alles mit Salz bestreuen. 150 g Erbsen auf die Nudeln legen. 250 g Blumenkohl putzen, in ca. 2 cm kleine Stücke schneiden und auf die Erbsen legen.

3 400 ml Wasser über den Auflauf gießen, sodass die Nudeln »schwimmen« (bei Bedarf mehr Wasser verwenden).

4 Den Auflauf für ca. 35 Minuten bei 180 °C backen.

5 Vor dem Servieren nochmals mit Salz und Pfeffer würzen und den gebackenen Camembert unter die Soße rühren.

Zum Pimpen

- Kirschtomaten
- getrocknete Tomaten
- Muskat

Dazu schmeckt

- Spiegeleier
- grüner oder gemischter Salat

Deine eigene Kreation

Für etwas Sommerfeeling im Winter

Weißkohl, Reis, Kokos & Karotten

2 Portionen 10 Minuten

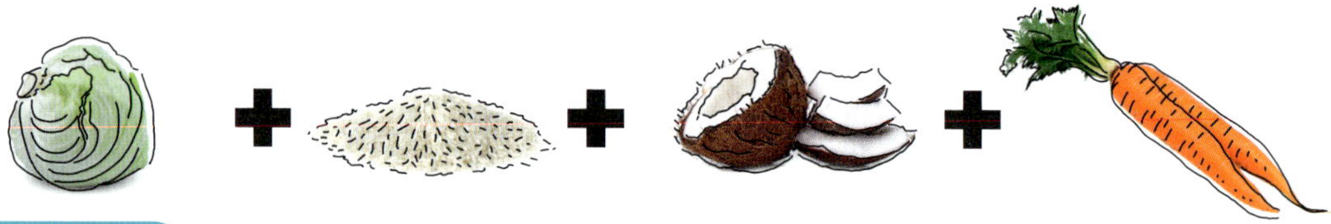

Zum Pimpen

- **Tofu**
- **frischer Koriander (nach dem Backen darübergeben)**
- **TK-Limettenblätter (vor dem Backen hinzugeben, nicht mitessen)**

Dazu schmeckt

- **Algensalat**
- **Sommerrollen**

Deine eigene Kreation

Zutaten

- 2 Dosen Kokosmilch (800 ml)
- 3 EL Sojasoße
- Salz
- Pfeffer
- 120 g Jasmin- oder Basmatireis
- 1 Weißkohl (ca. 300 g)
- 2 Karotten (ca. 150 g)
- 3 EL Erdnüsse (ca. 45 g)

1 Den Backofen auf 180 °C vorheizen.

2 800 ml Kokosmilch und 3 EL Sojasoße in die Auflaufform gießen, mit Salz und Pfeffer würzen und gut verrühren. 120 g Reis gründlich waschen und in die Auflaufform geben.

3 Den Weißkohl in dünne Streifen schneiden, waschen und ebenfalls in die Auflaufform legen. Die beiden Karotten putzen, in kleine Stücke schneiden und mit 3 EL Erdnüssen gründlich untermischen. Zuletzt alles glattstreichen, sodass der Kohl mit Flüssigkeit bedeckt ist.

4 Den Auflauf für ca. 35 Minuten bei 180 °C backen.

Tipp Der Auflauf kann mit frischem Weißkohl dekoriert werden.

Für die Adventszeit

Knollensellerie, Apfel & Baguette

2 Portionen 15 Minuten

Zutaten

- ⅔ Knollensellerie (ca. 300 g)
- 2 Äpfel (ca. 400 g)
- 7 EL Walnüsse (ca. 100 g)
- 200 g saure Sahne
- 3 EL Zitronensaft
- Salz
- Pfeffer
- ½ Baguette
- 3 EL Rapsöl

1 Den Backofen auf 180 °C vorheizen.

2 ⅔ Knollensellerie putzen, klein reiben und in die Auflaufform geben. Die beiden Äpfel putzen, in kleine Stücke schneiden und mit 7 EL Walnüssen, 200 g saurer Sahne und 3 EL Zitronensaft zum Sellerie legen. Alles mit Salz und Pfeffer würzen und gut vermischen.

3 ½ Baguette in ca. 5 cm dicke Scheiben schneiden, auf den Auflauf legen und mit 3 EL Rapsöl beträufeln.

4 Den Auflauf für ca. 25 Minuten bei 180 °C backen.

Zum Pimpen

- Trauben (nach dem Backen darübergeben)
- geriebene Karotten

Dazu schmeckt

- Salz- oder Pellkartoffeln
- Spiegeleier

Deine eigene Kreation

Für einen gemütlichen Leseabend

Blumenkohl, Bulgur & Ricotta

2 Portionen 10 Minuten

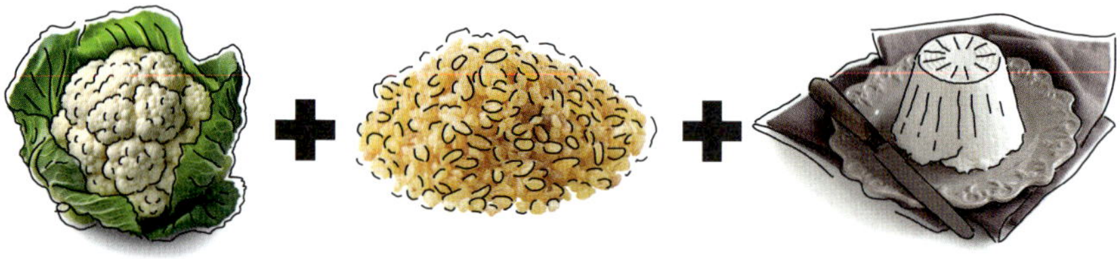

Zum Pimpen

- geriebener Käse (zum Überbacken)
- Brokkoli
- Karotten
- getrockneter Oregano

Dazu schmeckt

- grüner oder gemischter Salat
- Tomaten-Mozzarella-Salat
- Baguette

Deine eigene Kreation

Zutaten

- 1 Blumenkohl (ca. 300 g)
- 1 Glas grünes Pesto (190 g)
- 100 g Bulgur
- 250 g Ricotta
- Salz
- Pfeffer

1. Den Backofen auf 180 °C vorheizen.
2. Den Blumenkohl putzen und in ca. 2 cm große Stücke schneiden. Mit einem halben Glas Pesto, 100 g Bulgur, 250 g Ricotta und 150 ml Wasser in die Auflaufform geben, mit Salz und Pfeffer abschmecken und gut vermischen. Das restliche Pesto als Kleckse darüber verteilen.
3. Den Auflauf für ca. 35 Minuten bei 180 °C backen.

Gegen den Winter-Blues

Polenta, Tomaten, Oliven & Käse

2 Portionen 10 Minuten

Zutaten

- 3 Tomaten (ca. 300 g)
- 160 g schwarze Oliven
- 120 g Polenta
- 4 TL getrockneter Schnittlauch
- Salz
- Pfeffer
- 100 g geriebener Käse

1. Den Backofen auf 180 °C vorheizen.
2. 3 Tomaten waschen und in kleine Stücke schneiden. Zusammen mit 160 g abgetropften Oliven in die Auflaufform legen. 120 g Polenta, 200 ml Wasser und 4 TL getrockneter Schnittlauch dazugeben, mit Salz und Pfeffer würzen. 100 g geriebenen Käse darüberstreuen.
3. Den Auflauf für ca. 35 Minuten bei 180 °C backen.

Zum Pimpen

- Babyspinat
- Pilze

Dazu schmeckt

- Gemüsesuppe
- grüner oder gemischter Salat
- Karottensalat

Deine eigene Kreation

Nach einer Schneeballschlacht

Pastinaken, Karotten, Fenchel, Sellerie & Brezel

2 Portionen 15 Minuten

Zum Pimpen

- Parmesan
- Balsamico-Creme (nach dem Backen darübergeben)

Dazu schmeckt

- Quark-Dip
- Joghurt-Dip

Deine eigene Kreation

Zutaten

- 3 Karotten (ca. 220 g)
- 2 kleine Pastinaken (ca. 150 g)
- ½ Knollensellerie (ca. 200 g)
- 1 Fenchel (100 g)
- 3 Laugenbrezeln
- 8 EL Olivenöl
- 2 TL getrockneter Thymian
- Salz

1 Den Backofen auf 180 °C vorheizen.

2 3 Karotten, die beiden Pastinaken, ½ Knollensellerie und den Fenchel putzen, in kleine Stücke schneiden und in die Auflaufform geben.

3 3 Laugenbrezeln ebenfalls in (etwas größere) Stücke schneiden und unter das Gemüse mischen. Alles mit 8 EL Olivenöl beträufeln, mit 2 TL Thymian und Salz würzen und gut vermischen.

4 Den Auflauf für ca. 35 Minuten bei 180 °C backen.

DAUER

BRENNER

Für ein spontanes Abendessen mit Freunden

Spinat, Hirtenkäse & Kichererbsen

2 Portionen 5 Minuten

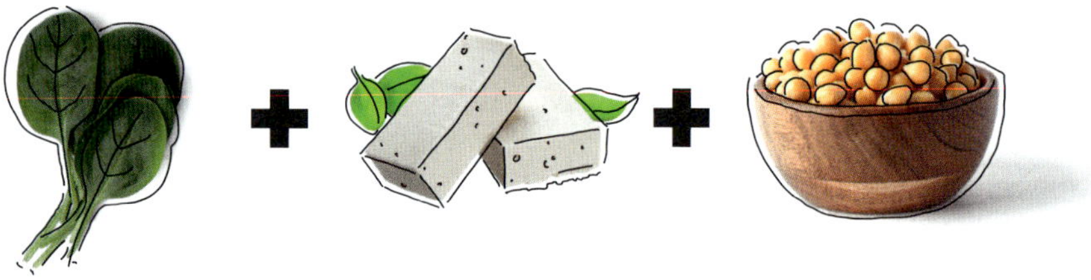

Zutaten

- 1 Knoblauchzehe
- 250 g Hirtenkäse
- 1 Dose Kichererbsen (240 g Abtropfgewicht)
- 450 g TK-Spinat
- 1 Dose gehackte Tomaten (400 g)
- 2 TL Currypulver
- Salz
- Pfeffer

1 Den Backofen auf 180 °C vorheizen.

2 Die Knoblauchzehe mit einer Presse zerdrücken oder in sehr kleine Stücke schneiden und in die Auflaufform geben. 250 g Hirtenkäse in Würfel schneiden und dazugeben. Mit 240 g abgetropften Kichererbsen, 450 g TK-Spinat, 400 g gehackten Tomaten und 2 TL Currypulver gut vermischen, dann salzen und pfeffern. Der Hirtenkäse soll gut bedeckt sein.

3 Den Auflauf für ca. 40 Minuten bei 180 °C backen.

Zum Pimpen

- Ingwer
- Kurkuma
- Kreuzkümmel

Dazu schmeckt

- Papadam
- Naan-Brot

Deine eigene Kreation

Für ein leichtes Mittagessen

Belugalinsen, Pak Choi, Reis, Karotten & Kokos

2 Portionen | 15 Minuten

Zutaten

- 1 Knoblauchzehe
- 1 Pck. passierte Tomaten (500 g)
- 1 EL Zitronensaft
- 1 Dose Kokosmilch (400 ml)
- Salz
- 1½ TL Ingwerpulver oder ein daumennagelgroßes Stück frischer Ingwer
- 100 g Belugalinsen
- 100 g Jasmin- oder Basmatireis
- 1 großer Pak Choi (ca. 330 g)
- 1 große Karotte (ca. 85 g)

1 Den Backofen auf 180 °C vorheizen.

2 Die Knoblauchzehe mit einer Knoblauchpresse zerdrücken oder in sehr kleine Stücke schneiden. 500 g passierte Tomaten, 1 EL Zitronensaft, den Knoblauch und 400 ml Kokosmilch in die Auflaufform füllen, mit Salz und 1½ TL Ingwer würzen und alles gut verrühren.

3 100 g Linsen und 100 g Reis gründlich waschen und mit der Tomaten-Kokosmilch-Mischung verrühren.

4 Den Pak Choi und die Karotte putzen und in kleine Stücke schneiden. Das geschnittene Gemüse ebenfalls in die Auflaufform geben und alles gut vermischen.

5 Den Auflauf für ca. 60 Minuten bei 180 °C backen.

Zum Pimpen

- **Süßkartoffeln**
- **Cashewkerne**
- **Curry**

Dazu schmeckt

- **Joghurt-Dip**
- **Papadam**
- **Naan-Brot**

Deine eigene Kreation

Für eine Geburtstagsparty

Kidneybohnen, Mais, Tomaten & Buchweizen

2 Portionen 5 Minuten

Zutaten

- 120 g Buchweizen
- 1 Dose Mais (285 g Abtropfgewicht)
- 1 Dose Kidneybohnen (400 g Gesamtfüll-gewicht)
- 1 Pck. passierte Tomaten (500 g)
- 2 TL Chilipulver
- 2 TL Paprikapulver
- Salz
- Pfeffer

1 Den Backofen auf 180 °C vorheizen.

2 120 g Buchweizen waschen. 1 Dose Mais abtropfen lassen. Beides zusammen mit 1 Dose Kidneybohnen samt Flüssigkeit, 500 g passierten Tomaten und 100 ml Wasser in die Auflaufform geben. Mit 2 TL Chili und 2 TL Paprikapulver, Salz und Pfeffer würzen und alles gut vermischen.

3 Den Auflauf für ca. 40 Minuten bei 180 °C backen.

Zum Pimpen

- Schmand
- geriebener Käse (zum Überbacken)
- Feta

Dazu schmeckt

- Tortilla-Chips mit Guacamole
- Baguette
- gemischter Salat

Deine eigene Kreation

Für einen Cheat Day

Artischocken, Nudeln & Parmesan

2 Portionen 15 Minuten

Zutaten

- 2 Knoblauchzehen
- 300 ml Hafersahne
- 3 EL Zitronensaft
- Salz
- Pfeffer
- 100 g Parmesan
- 2 Gläser Artischocken, geviertelt (350 g Abtropfgewicht)
- 200 g Nudeln

Zum Pimpen

- frische Minze
- Thymian

Dazu schmeckt

- grüner oder gemischter Salat

Deine eigene Kreation

1 Den Backofen auf 180 °C vorheizen.

2 Die beiden Knoblauchzehen mit einer Knoblauchpresse zerdrücken oder in sehr kleine Stücke schneiden und in die Auflaufform geben. 300 ml Hafersahne, 200 ml Wasser und 3 EL Zitronensaft zum Knoblauch geben, mit Salz und Pfeffer würzen und gut verrühren.

3 100 g Parmesan in dünne Scheiben schneiden, mit 350 g abgetropften Artischocken und 200 g Nudeln zu der Flüssigkeit geben. Alle Zutaten gut vermischen und dabei darauf achten, dass die Nudeln gut bedeckt sind (bei Bedarf mehr Wasser hinzugeben).

4 Den Auflauf für ca. 35 Minuten bei 180 °C backen. Vor dem Servieren gut umrühren.

Tipp Der Auflauf kann nach dem Backen mit frischem Parmesan garniert werden.

Brokkoli, Süßkartoffeln, Kokos & Mie-Nudeln

2 Portionen | 15 Minuten

Zum Pimpen

- Tofu
- Knoblauch
- Ingwer

Dazu schmeckt

- Edamame als Vorspeise

Deine eigene Kreation

Zutaten

- 1 Dose Kokosmilch (400 ml)
- 6 EL Sojasoße
- 5 TL Currypulver
- 125 g Mie-Nudeln
- ½ Kopf Brokkoli (ca. 125 g)
- 1 kleine Süßkartoffel (ca. 200 g)
- 3 EL Cashewkerne (ca. 40 g)

1 Den Backofen auf 180 °C vorheizen.

2 400 ml Kokosmilch, 6 EL Sojasoße, 200 ml Wasser und 5 TL Currypulver in die Auflaufform geben und verrühren. 125 g Mie-Nudeln zerbrechen und in der Form verteilen.

3 ½ Brokkoli waschen, die Röschen vom Strunk trennen und in die Auflaufform geben. Die Süßkartoffel waschen, in kleine Stücke schneiden und mit 3 EL Cashewkernen in die Auflaufform füllen. Alles gut vermischen und darauf achten, dass die Mie-Nudeln gut bedeckt sind.

4 Den Auflauf für ca. 30 Minuten bei 180 °C backen.

Für einen Tag voller Überraschungen

Ei, Käse, Paprika & Zucchini

2 Portionen 15 Minuten

Zutaten

- 200 g Weizen- oder Dinkelmehl
- ½ Pck. Backpulver (ca. 7 g)
- Salz
- 1 EL Rapsöl
- 50 g saure Sahne
- 2 Eier
- ½ Paprika (ca. 100 g)
- ½ Zucchini (ca. 100 g)
- Pfeffer
- 50 g geriebener Käse

1 Den Backofen auf 180 °C vorheizen.

2 200 g Mehl, ½ Pck. Backpulver und etwas Salz in der Auflaufform mit einer Gabel verrühren. 100 ml Wasser hinzufügen und alles mit den Händen zu einer Teigkugel verkneten. 1 EL Rapsöl in der Form mithilfe der Teigkugel so verteilen, dass Boden und Ränder eingefettet sind.

3 Den Teig anschließend mit der Hand flach drücken (ca. 1 cm dick) und 50 g saure Sahne gleichmäßig darauf verteilen. Mit einem Löffel zwei Kuhlen in den Teig drücken und in jede 1 Ei hineinschlagen.

4 ½ Paprika putzen und ½ Zucchini waschen, beides in kleine Stücke schneiden und auf dem Teig verteilen. Mit Salz und Pfeffer würzen und mit 50 g geriebenem Käse bestreuen.

5 Den Auflauf für ca. 20 Minuten bei 180 °C backen.

Tipp Auch mit Vollkornmehl-Anteil sehr lecker!

Zum Pimpen

- **Pilze**
- **Paprikapulver**
- **Feta**
- **Oliven**

Dazu schmeckt

- **grüner oder gemischter Salat**
- **Karottensalat**
- **Tomatensalat**

Deine eigene Kreation

Spinat, Tortillas, Tomaten & Käse

2 Portionen **15 Minuten**

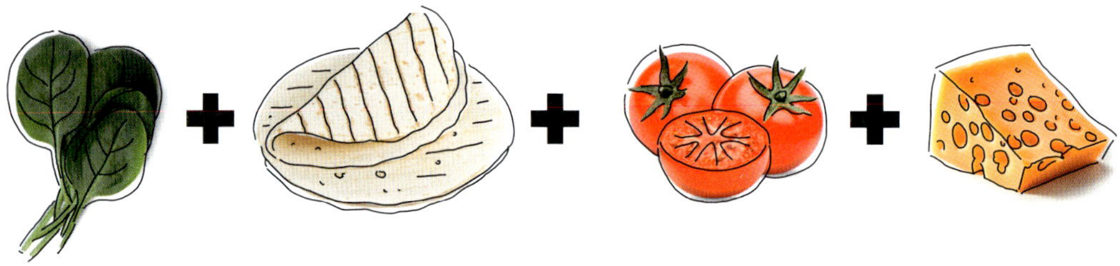

Zutaten

- 2 Knoblauchzehen
- 30 g frische Petersilie
- 1 Pck. passierte Tomaten (500 g)
- 250 g TK-Spinat
- 2 EL Tomatenmark (ca. 50 g)
- Salz
- Pfeffer
- 2 TL Paprikapulver
- 2 Weizen-Tortillas
- 100 g geriebener Käse

1 Den Backofen auf 180 °C vorheizen.

2 Die beiden Knoblauchzehen mit einer Knoblauchpresse zerdrücken oder in sehr kleine Stücke schneiden und in die Auflaufform geben. 30 g Petersilie waschen und kleinhacken. 500 g passierte Tomaten, 250 g TK-Spinat, 2 EL Tomatenmark und die Petersilie zum Knoblauch geben, mit Salz, Pfeffer und 2 TL Paprikapulver würzen. Alle Zutaten gut verrühren.

3 Die beiden Tortillas in handtellergroße Stücke zerreißen, ebenfalls untermischen und alles mit 100 g geriebenem Käse bestreuen.

4 Den Auflauf für ca. 35 Minuten bei 180 °C backen.

Tipp Statt frischer kann auch getrocknete Petersilie verwendet werden.

Zum Pimpen

- **Feta**
- **Zwiebeln**

Dazu schmeckt

- **Falafel**
- **gefüllte Weinblätter**

Deine eigene Kreation

Für unangekündigten Besuch

Kartoffeln, Tomaten & Hirtenkäse

2 Portionen | 15 Minuten

Zutaten

- 5 Kartoffeln (ca. 380 g)
- 4 Tomaten (ca. 400 g)
- 1 Zwiebel (ca. 80 g)
- 250 g Hirtenkäse
- 1 Knoblauchzehe
- Salz
- 1 TL Cayenne-Pfeffer
- 1 TL Ingwerpulver
- 1 TL Kreuzkümmel
- 1 TL Currypulver
- 3 EL Tomatenmark (ca. 75 g)
- 100 ml Hafersahne

1. Den Backofen auf 180 °C vorheizen.
2. 5 Kartoffeln und 4 Tomaten waschen, in kleine Stücke schneiden (die Kartoffelstücke kleiner als die Tomatenstücke) und in die Auflaufform geben. Die Zwiebel schälen, in kleine Stücke schneiden und dazugeben. 250 g Hirtenkäse in kleine Würfel schneiden und über den Zutaten verteilen.
3. Die Knoblauchzehe mit einer Knoblauchpresse zerdrücken oder in sehr kleine Stücke schneiden und mit Salz, je 1 TL Cayenne-Pfeffer, Ingwer, Kreuzkümmel und Curry sowie 3 EL Tomatenmark über dem Gemüse verteilen. 50 ml Wasser und 100 ml Hafersahne über die Zutaten gießen und alles gut vermischen.
4. Den Auflauf für ca. 50 Minuten bei 180 °C backen.

Tipp Wahlweise können die Kartoffeln in dünne Scheiben geschnitten werden. Mehlig kochende Kartoffeln werden schneller weich als festkochende.

Zum Pimpen

- **frische Petersilie (nach dem Backen darübergeben)**
- **Kichererbsen**
- **Koriander**

Dazu schmeckt

- **Papadam**
- **Naan-Brot**
- **Joghurt-Dip**

Deine eigene Kreation

Für alle Anlässe

Nudeln, Tomaten, Käse & Karotten

2 Portionen 10 Minuten

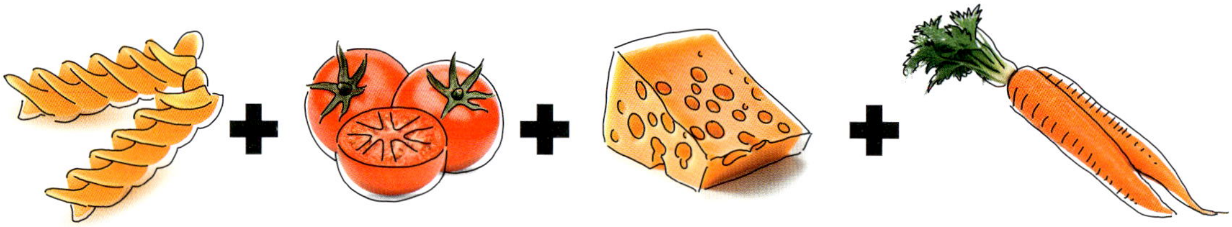

Zum Pimpen

- Staudensellerie
- Sojagranulat
- Balsamico-Essig
- Basilikum

Dazu schmeckt

- grüner oder gemischter Salat
- Antipasti

Deine eigene Kreation

Zutaten

- 2 Knoblauchzehen
- 2 Karotten (ca. 150 g)
- 200 g Nudeln
- 1 Pck. passierte Tomaten (500 g)
- 200 ml Hafersahne
- 2 EL Tomatenmark (ca. 50 g)
- 1 TL getrockneter Oregano
- Salz
- Pfeffer
- 100 g geriebener Käse

1 Den Backofen auf 180 °C vorheizen.

2 Die beiden Knoblauchzehen mit einer Presse zerdrücken oder in sehr kleine Stücke schneiden und in die Auflaufform geben. 2 Karotten putzen, in kleine Stücke schneiden und dazugeben.

3 200 g Nudeln, 500 g passierte Tomaten, 200 ml Hafersahne und 2 EL Tomatenmark zu den Karotten geben. Mit 1 TL getrocknetem Oregano, Salz und Pfeffer würzen und alles vermischen. 100 g geriebenen Käse über den Auflauf streuen.

4 Den Auflauf für ca. 30 Minuten bei 180 °C backen.

Tipp Die Bissfestigkeit der Karotten kann durch die Größe bzw. Dicke der Stücke beeinflusst werden: je kleiner, desto weicher.

Für einen perfekten Start in den Tag

Haferflocken, Bananen & Kakao

2 Portionen   5 Minuten

Zutaten

- 2 reife Bananen (ca. 300 g)
- 100 g Haferflocken
- ½ Pck. Vanillepuddingpulver (18 g)
- 3 TL Kakaopulver
- 250 ml Hafermilch
- 2 EL Honig (ca. 40 g)
- 2 TL Kokosöl
- 1 TL Zimt

1 Den Backofen auf 180 °C vorheizen.

2 2 Bananen schälen und mit einer Gabel in der Auflaufform zu Brei zerdrücken. 100 g Haferflocken, ½ Pck. Vanillepuddingpulver, 3 TL Kakaopulver, 250 ml Hafermilch, 2 EL Honig, 2 TL Kokosöl und 1 TL Zimt gut unterrühren.

3 Den Auflauf für ca. 25 Minuten bei 180 °C backen.

Zum Pimpen

- **Nüsse (z. B. Haselnüsse, Cashews)**
- **Samen (z. B. Leinsamen, Chiasamen)**
- **Beeren (z. B. Himbeeren, Heidelbeeren)**
- **Schokoraspeln**
- **Kokosraspeln**

Dazu schmeckt

- **Apfelmus**
- **frisches Obst, z. B. Ananas, Melone**

Deine eigene Kreation

Statt Sonntagsbraten

Gelbe Linsen, Oliven & Käse

2 Portionen 10 Minuten

Zum Pimpen

- Süßkartoffeln
- Zwiebeln
- Kreuzkümmel

Dazu schmeckt

- Kartoffelecken (Wedges)
- gedünstetes Gemüse

Deine eigene Kreation

Zutaten

- 1 EL Rapsöl
- 75 g gelbe Linsen
- 2 Eier
- 50 g Semmelbrösel
- 160 g schwarze Oliven
- 1 Dose gehackte Tomaten (400 g)
- 3 TL getrocknete Petersilie
- Salz
- Pfeffer
- 200 g körniger Frischkäse oder 150 g geriebener Käse

1. Den Backofen auf 180 °C vorheizen.
2. Die Auflaufform mit 1 EL Rapsöl einfetten. 75 g Linsen gründlich waschen und in die Auflaufform füllen. 2 Eier darüberschlagen. 50 g Semmelbrösel, 160 g schwarze Oliven und 400 g gehackte Tomaten hinzufügen. Mit 3 TL getrockneter Petersilie, Salz und Pfeffer würzen und gut vermischen. 200 g körnigen Frischkäse darüber verteilen oder mit 150 g geriebenem Käse bestreuen.
3. Den Auflauf für ca. 50 Minuten bei 180 °C backen.

Tipp Anstelle von gelben können auch rote Linsen verwendet werden.

MENÜ

VORSCHLÄGE

Vorspeise:
Spargel, Kirschtomaten & Parmesan

2 Portionen | 10 Minuten

Zum Pimpen

- Pinienkerne
- Sonnenblumenkerne
- Balsamico-Creme

Dazu schmeckt

- Sauce Hollandaise

Deine eigene Kreation

______

______

______

Zutaten

- 250 g grüner Spargel
- 2 EL Olivenöl
- 1 EL Zitronensaft
- 125 g Kirschtomaten
- Salz
- Pfeffer
- 50 g Parmesan

1. Den Backofen auf 180 °C vorheizen.
2. 250 g Spargel putzen und in die Auflaufform legen. Mit 2 EL Olivenöl und 1 EL Zitronensaft beträufeln. 125 g Kirschtomaten waschen und auf dem Spargel verteilen. Mit Salz und Pfeffer würzen.
3. Den Auflauf für ca. 30 Minuten bei 180 °C backen.
4. 50 g Parmesan in dünne Scheiben schneiden (oder hobeln) und über den Auflauf streuen.

Hauptspeise:
Spaghetti, Tomaten & Mozzarella

2 Portionen | 10 Minuten

Zum Pimpen

- Oliven
- Zucchini
- Champignons

Dazu schmeckt

- Pizzabrot
- grüner oder gemischter Salat
- Antipasti

Zutaten

- 1 Knoblauchzehe
- 6 EL Olivenöl
- 3 EL Zitronensaft
- Salz
- Pfeffer
- 1 TL getrocknetes Basilikum

1. Den Backofen auf 180 °C vorheizen.
2. Die Knoblauchzehe mit einer Knoblauchpresse zerdrücken oder in sehr kleine Stücke schneiden. Den Knoblauch, 6 EL Olivenöl und 3 EL Zitronensaft in die Auflaufform geben und mit Salz, Pfeffer sowie 1 TL getrocknetem Basilikum würzen. Alles gut verrühren.

- 200 g Spaghetti
- 4 Tomaten (ca. 400 g)
- 125 g Mozzarella

3 200 g Spaghetti in die Auflaufform legen und mit ca. 150 ml Wasser übergießen, bis sie knapp, aber komplett mit Flüssigkeit bedeckt sind (bei Bedarf noch mehr Wasser hinzugeben).

4 4 Tomaten waschen und in kleine Stücke schneiden. 125 g Mozzarella ebenso in kleine Stücke schneiden und gemeinsam mit den Tomaten auf den Spaghetti verteilen.

5 Den Auflauf für ca. 30 Minuten bei 180 °C backen.

Tipp Die frischen Tomaten können durch Dosentomaten ersetzt werden.

Deine eigene Kreation

Dessert:
Erdbeeren & Rhabarber

2 Portionen **15 Minuten**

Zutaten

- 180 g Weizen- oder Dinkelmehl
- 45 g Zucker
- 9 EL Rapsöl
- 250 g Erdbeeren
- 3 Stangen Rhabarber (ca. 300 g)

1 Den Backofen auf 180 °C vorheizen.

2 180 g Mehl, 45 g Zucker und 9 EL Rapsöl in der Auflaufform zu einer Teigkugel verkneten und in eine Ecke legen. 250 g Erdbeeren putzen, halbieren und in die Auflaufform geben. 3 Stangen Rhabarber putzen, schälen und in ca. 4 cm große Stücke schneiden. Den Rhabarber mit den Erdbeeren vermischen. Den Teig darüberbröseln.

3 Den Auflauf für ca. 30 Minuten bei 180 °C backen.

Zum Pimpen

- **Mandelsplitter**
- **Kokosflocken**

Dazu schmeckt

- **Vanilleeis**

Deine eigene Kreation

Sommermenü

Vorspeise:
Aubergine, Tomaten, Mozzarella & Pesto

2 Portionen 15 Minuten

Zum Pimpen

- Paprika
- Pinienkerne
- Basilikum

Dazu schmeckt

- Ciabatta
- Pizzabrot

Deine eigene Kreation

______

______

______

Zutaten

- 1 Aubergine (ca. 340 g)
- 2 TL Pesto
- 2 EL Olivenöl
- Salz
- Pfeffer
- 1 kleine Tomate (ca. 60 g)
- 60 g Mozzarella
- Balsamico-Creme

1 Den Backofen auf 180 °C vorheizen.

2 Die Aubergine putzen und längs halbieren. Die Hälften nochmals längs halbieren, sodass 4 längliche Scheiben entstehen. Die Scheiben oben leicht gitterförmig einschneiden und zwei davon in die Auflaufform legen. Mit jeweils 1 TL Pesto bestreichen und mit einer weiteren Auberginenscheibe bedecken. Die Oberseiten der Auberginen-Sandwiches mit jeweils 1 EL Olivenöl beträufeln und mit Salz und Pfeffer würzen.

3 Den Auflauf für ca. 35 Minuten bei 180 °C backen.

4 In der Zwischenzeit die Tomate waschen und in Scheiben schneiden. 60 g Mozzarella in Scheiben schneiden. Die Aubergine nach dem Backen mit den Tomaten- und Mozzarellascheiben belegen und würzen. Die Vorspeise mit Balsamico-Creme dekorieren.

Hauptspeise:
Paprika, Ei, Reis & Feta

2 Portionen 15 Minuten

Zum Pimpen

- Oliven
- Pilze

Dazu schmeckt

- Ajvar
- Krautsalat

Zutaten

- 100 g Jasmin- oder Basmatireis
- 200 g Feta
- 1 Pck. passierte Tomaten (500 g)

1 Den Backofen auf 180 °C vorheizen.

2 100 g Reis waschen und in der Auflaufform verteilen. 200 g Feta in kleine Würfel schneiden und zusammen mit 500 g passierten Tomaten, 250 ml Wasser und

- 2 TL Paprikapulver
- 2 TL Cayenne-Pfeffer
- 2 Paprika (ca. 400 g)
- 2 Eier
- Salz
- Pfeffer

je 2 TL Paprikapulver und Cayenne-Pfeffer in die Auflaufform geben. Alles gut vermischen.

3 Die beiden Paprika waschen, die Deckel abschneiden und die Kerngehäuse entfernen. Aufrecht in die Soße stellen, jeweils 1 Ei hineinschlagen und mit Salz und Pfeffer würzen.

4 Den Auflauf für ca. 40 Minuten bei 180 °C backen.

Deine eigene Kreation

Dessert:

Pfirsich, Heidelbeeren, Salzbrezeln & Schokolade

2 Portionen **10 Minuten**

Zutaten

- 3 Handvoll Mini-Salzbrezeln (ca. 75 g)
- 85 g Frischkäse
- 50 g gehackte Schokolade
- 2 Pfirsiche (ca. 200 g)
- 100 g Heidelbeeren

1 Den Backofen auf 180 °C vorheizen.

2 3 Handvoll Salzbrezeln zerbröseln und in der Auflaufform mit 85 g Frischkäse und 50 g gehackter Schokolade zu einer bröseligen Masse verkneten. Die Masse in eine Ecke der Form schieben.

3 2 Pfirsiche waschen, entkernen und in kleine Stücke schneiden. Die Pfirsichstücke in der Auflaufform verteilen. 100 g Heidelbeeren waschen, zu den Pfirsichstücken geben und vermischen. Die Brezelmasse über die Früchte bröseln.

4 Den Auflauf für ca. 25 Minuten bei 180 °C backen.

Tipp Der Auflauf kann auch nur mit Pfirsichen (dann mit 3 Pfirsichen) oder nur mit Heidelbeeren (dann mit 300 g Heidelbeeren) zubereitet werden.

Zum Pimpen

- **Kokos**
- **frische Früchte**

Dazu schmeckt

- **Karamell- oder Vanillesoße**

Deine eigene Kreation

Herbstmenü

Vorspeise: Pak Choi, Champignons & Balsamico

2 Portionen | 10 Minuten

Zutaten

- 2 Pak Choi (ca. 400 g)
- 10 Champignons (ca. 200 g)
- 2 EL Olivenöl
- 1 TL Chiliflocken
- Salz
- Pfeffer
- Balsamico-Creme

1. Den Backofen auf 180 °C vorheizen.
2. Die beiden Pak Choi und 10 Champignons putzen, in kleine Stücke schneiden und in die Auflaufform geben. Das Gemüse mit 2 EL Olivenöl beträufeln und mit 1 TL Chili, Salz und Pfeffer würzen. Die Balsamico-Creme gitterförmig über dem Auflauf verteilen.
3. Den Auflauf für ca. 30 Minuten bei 180 °C backen.

Zum Pimpen

- Ingwer
- Knoblauch

Dazu schmeckt

- frisches Brot zum Dippen

Deine eigene Kreation

____

____

____

Hauptspeise: Kürbis & Zucchini

2 Portionen | 15 Minuten

Zutaten

- 200 g saure Sahne
- 175 g Semmelbrösel
- Salz
- Pfeffer
- 4 EL Rapsöl
- 1 große Zucchini (ca. 250 g)

1. Den Backofen auf 180 °C vorheizen.
2. 200 g saure Sahne und 175 g Semmelbrösel in die Auflaufform geben, mit Salz und Pfeffer würzen und verkneten. Beiseite legen.
3. Die Auflaufform mit 1 EL des Rapsöls einfetten. Die Zucchini waschen, in ca. 1 cm dicke Scheiben schneiden und in die Auflaufform legen.

Zum Pimpen

- Parmesan
- Kürbiskernöl
- Rosmarin
- Paprika

Dazu schmeckt

- Buchweizen
- Erbsengemüse

- ½ Hokkaidokürbis (ca. 500 g)
- 4 EL Sonnenblumenkerne (ca. 50 g)

4 ½ Kürbis waschen, entkernen, ebenfalls in ca. 1 cm dicke Schnitze schneiden und diese dritteln. Mit 4 EL Sonnenblumenkernen zu der Zucchini geben und würzen. Die Crumble-Masse über den Auflauf bröseln und leicht untermischen. Mit den restlichen 3 EL Rapsöl beträufeln.

5 Den Auflauf für ca. 40 Minuten bei 180 °C backen.

Tipp Für dieses Gericht bietet sich eine hohe Form an.

Deine eigene Kreation

____

____

____

Dessert: Pflaumen & Mohn

2 Portionen **10 Minuten**

Zutaten

- 20 g Mohn
- 75 g Weizen- oder Dinkelmehl
- 100 ml Hafermilch
- 1 EL Rapsöl
- 20 g Zucker
- ½ Pck. Backpulver (7 g)
- 3 Pflaumen (ca. 180 g)

1 Den Backofen auf 180 °C vorheizen.

2 20 g Mohn, 75 g Mehl, 100 ml Hafermilch, 1 EL Rapsöl, 20 g Zucker und ½ Pck. Backpulver in der Auflaufform gut verrühren. 3 Pflaumen waschen, entkernen und in kleine Stücke schneiden. Die Pflaumenstücke untermischen.

3 Den Auflauf für ca. 20 Minuten bei 180 °C backen.

4 Den gebackenen Teig in der Form mit einem Pfannenwender in Stücke reißen und servieren.

Tipp Statt Weizen- oder Dinkelmehl kann Buchweizenmehl verwendet werden (dann mit 10 ml mehr Flüssigkeit), damit schmeckt der Auflauf wie eine französische Galette.

Zum Pimpen

- **Zimt**
- **Mandelstifte oder -plättchen**
- **gehackte Haselnüsse**

Dazu schmeckt

- **Apfelmus**
- **Puderzucker**

Deine eigene Kreation

____

____

____

Wintermenü

Vorspeise:
Karotten, Kohlrabi & Frischkäse

2 Portionen · 10 Minuten

Zum Pimpen

- Knollensellerie
- Sonnenblumenkerne

Dazu schmeckt

- frisches Brot

Deine eigene Kreation

Zutaten

- 85 g Frischkäse
- 1 TL Muskat
- Salz
- Pfeffer
- 1 Kohlrabi (ca. 350 g)
- 2 Karotten (ca. 150 g)

1 Den Backofen auf 180 °C vorheizen.

2 85 g Frischkäse mit 100 ml Wasser, 1 TL Muskat, Salz und Pfeffer in der Auflaufform verrühren. Den Kohlrabi schälen und in kleine Stücke schneiden. 2 Karotten putzen und ebenfalls in kleine Stücke schneiden. Das Gemüse gut mit dem Frischkäse vermischen.

3 Den Auflauf für ca. 35 Minuten bei 180 °C backen.

Hauptspeise:
Grünkohl, Räuchertofu & Kartoffeln

2 Portionen · 10 Minuten

Zum Pimpen

- Weißweinessig
- Zwiebeln
- Muskat

Dazu schmeckt

- Spiegelei
- frisches Brot

Zutaten

- 4 Kartoffeln (ca. 300 g)

1 Den Backofen auf 180 °C vorheizen.

2 4 Kartoffeln waschen, in ca. 1 cm dicke Stifte schneiden und in die Auflaufform geben.

- 1 Pck. Räuchertofu (200 g)
- 1 Glas Grünkohl (400 g)
- 3 EL Senf (ca. 100 g)
- 2 TL Kümmel
- Salz
- Pfeffer

3 200 g Räuchertofu in kleine Würfel schneiden, mit 400 g Grünkohl, 3 EL Senf, 2 TL Kümmel, Salz und Pfeffer in die Auflaufform geben und alles gut vermischen.

4 Den Auflauf für ca. 55 Minuten bei 180 °C backen.

Deine eigene Kreation

____

____

____

Dessert:
Orangen, Mandeln & körniger Frischkäse

2 Portionen 10 Minuten

Zutaten

- 100 g körniger Frischkäse
- 100 g gemahlene Mandeln
- 20 g Zucker
- 2 TL Zimt
- 2 Orangen (ca. 500 g)

1 Den Backofen auf 180 °C vorheizen.

2 100 g Frischkäse mit 100 g gemahlenen Mandeln, 20 g Zucker und 2 TL Zimt direkt in der Auflaufform zu einer Teigkugel verkneten. Die Kugel in eine Ecke der Auflaufform legen.

3 2 Orangen filetieren, in Scheiben schneiden und in der Auflaufform verteilen. Den Teig in Crumble-Bröseln über den Orangen verteilen.

4 Den Auflauf für ca. 35 Minuten bei 180 °C backen.

Zum Pimpen

- Kardamom

Dazu schmeckt

- Schokosoße

Deine eigene Kreation

____

____

____

Über die Autorin und den Autor

Die beiden Lehrkäfte Lisa und Andreas Volk (beide Jahrgang 1987) absolvierten ein Studium der Fächer Englisch und Sport mit einem Schwerpunkt auf Ernährungslehre an der Universität Tübingen. Sie treiben gerne Sport und verbringen viel Zeit miteinander und mit ihren beiden Hunden. Trotz ihres turbulenten Alltags und wenig Zeit zum Kochen legen sie Wert auf eine bewusste und ausgewogene Ernährung, was sie zu »One Auflaufform« inspirierte: eine Kombination aus schneller, aber gesunder und nachhaltiger Küche.

Impressum

FOTOS: Michael Ruder, lichtpunkt, Stuttgart (Rezeptbilder und Schichtzutaten); freeepik (Freisteller); privat (S. 112)
PRODUKTMANAGEMENT UND KORREKTORAT: Stephanie Iber
LEKTORAT: Birgit Günther
COVERGESTALTUNG: Eva Hook unter Verwendung eines Fotos von Michael Ruder
HERSTELLUNG: Jessica Siebert
LAYOUT UND SATZ: Die Buchmacher – Atelier fur Buchgestaltung
DRUCK UND BINDUNG: Neografia, Slowakei

4. Auflage 2025

ISBN 978-3-7358-5175-8 · Best.-Nr. 25175

MIX
Papier | Fördert gute Waldnutzung
FSC® C020353

Penguin Random House Verlagsgruppe FSC® N001967